KW-329-957

2 Bag anhygoel

Mae'r bag hwn yn ffordd wych o guddio unrhyw anrheg, beth bynnag ei siâp. Bydd yn edrych yn hynod o glyfar os defnyddi ddau wahanol fath o bapur i wneud pob bag. Mae'n ffordd wych o ddefnyddio darnau o bapur lapio sydd dros ben, neu cymysga bapur brown plaen â rhywbeth mwy lliwgar a Nadoligaidd.

1. Torra ddarn hirsgwar o bapur sy'n fwy na digon i guddio'r anrheg. Plyga ef yn ei hanner ar ei hyd.

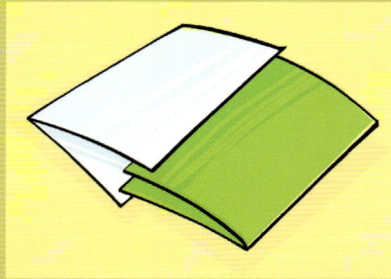

2. Torra hirsgwar arall, 1cm yn fwy na'r cyntaf, a'i blygu yn ei hanner ar ei hyd. Rho'r ddau ddarn at ei gilydd fel bod y darn lleiaf yn gorgyffwrdd y llall o 1cm. Gwna'n siŵr eu bod yn syth ac yna gluda nhw at ei gilydd â thâp selo.

3. Torra stribyn crwm fel hyn o'r ymyl gwaelod. Tro'r corneli i fyny a phlyga'r ymyl gwaelod i fyny â throad 1.5cm. Yna glyna hwn â thâp.

4. Rho dy anrheg yn y bag. Yna gwasga'r ymylon uchaf fel bod y crychiadau ochr yn cyfarfod yn y canol. Gluda'r top ynghau, un ai â thâp tryloyw drosto, neu â thâp dwyochrog oddi mewn.

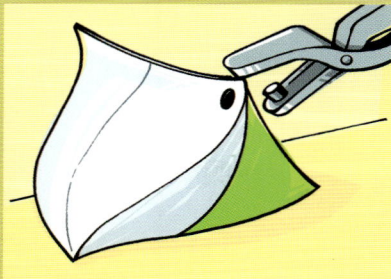

5. Gwna dwll mewn un gornel (gan osgoi cyffwrdd yr anrheg) a chlyma addurniadau iddo. Dewis ddeunydd sydd dros ben, megis edau, gwlân, llinyn, gleiniau, neu fotymau. Gofala rhag rhwygo'r twll.

Gelli wneud bag symlach ag un darn o bapur os yw'n well gen ti, gan blygu'r ymyl uchaf fel y gwnaethost â'r ymyl gwaelod.

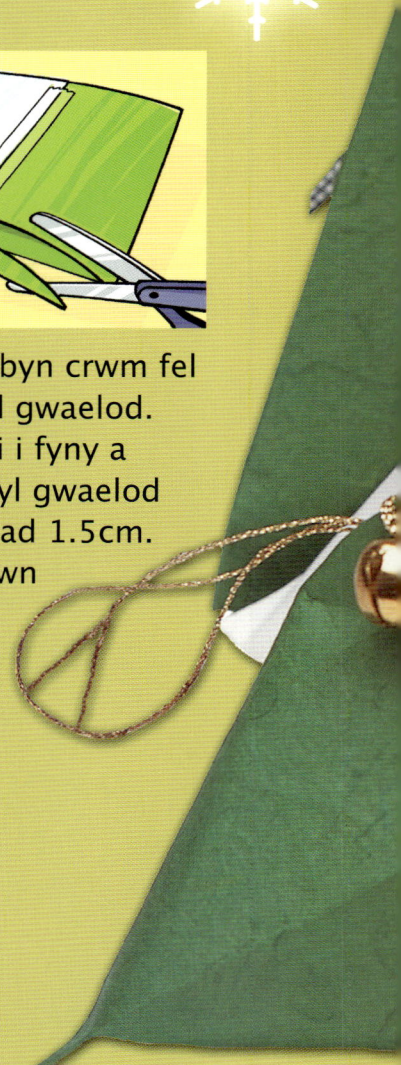

3 Cerdyn anrheg serennog

Mae'r cardiau anrheg hyn yn gwneud i'r anrheg symlaf edrych yn ddeniadol. Dim ond darn bychan o gerdyn a llinyn sydd eu hangen ar bob un.

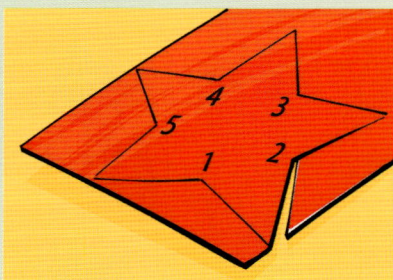

1. Torra allan seren bum pwynt gan ddefnyddio'r templed ar y clawr ôl. Dychmyga fod gan bob pig mewnol rif, fel y gwelir uchod (neu ysgrifenna'r rhifau ar seren ymarfer).

2. Torra ddarn o linyn 60cm o hyd. Nawr dal ef wrth rif 1, gan adael darn byr ar gyfer ei glymu, a defnyddio'r darn hiraf ar gyfer troelli.

3. Troella'r llinyn o rif i rif fel y disgrifir yn y siart. Pan ddoi yn ôl at rif 1, clyma gwlwm yn agos at y rhif.

4. Os wyt ti'n dymuno, gelli addurno'r seren â darnau bychain o gerdyn sy'n weddill. Ysgrifenna dy neges ar y cefn cyn clymu'r cerdyn i'r parsel.

Siart droelli:
Drosodd o rif 1 i rif 4
Odanodd o rif 4 i rif 2
Drosodd o rif 2 i rif 5
Odanodd o rif 5 i rif 3
Drosodd o rif 3 i rif 1
Odanodd o rif 1 i rif 4
Drosodd o rif 4 i rif 2
Odanodd o rif 2 i rif 5
Drosodd o rif 5 i rif 3
Odanodd yn ôl i rif 1

Byddai
modd i ti
ddefnyddio'r
math yma o
gerdyn fel
addurn coeden
Nadolig hefyd.

Beth am dorri cardiau
anrheg allan o hen gardiau
Nadolig y byddet fel rheol
yn eu taflu?

4 Bocsys prydferth

Mae pob math o bethau'n cael eu pecynnu mewn bocsys cardfwrdd y dyddiau hyn. Gellir ailddefnyddio'r bocsys ar gyfer anrhegion, gan ychwanegu addurniadau i'w gwneud yn brydferth.

1. Dewis focs a phaentia ef yn gyfan gwbl â phlastar Paris (gesso). Unwaith y bydd wedi sychu (fydd hynny ddim yn hir), ychwanega haenen arall. Efallai y bydd angen i ti roi sawl haenen er mwyn iddo edrych yn dda.

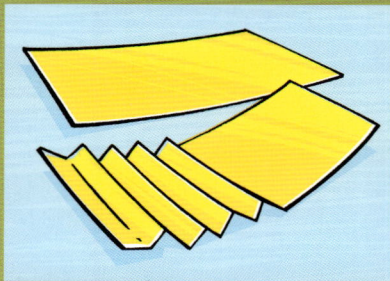

2. Dewis ddarn o bapur lliwgar (doe dim ots os oes patrwm ar un ochr) a thorra ddarn y mae ei hyd tua theirgwaith yn hirach na'i led: tua 6cm x 18cm. Plyga'r papur yn igam-ogam mor daclus â phosib er mwyn byrhau'r hyd.

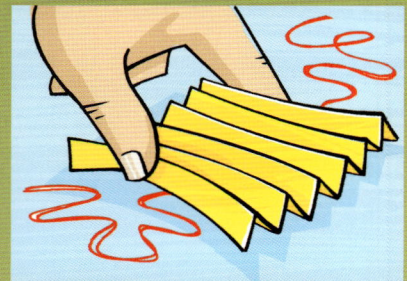

3. Cymer ddarn o linyn lliw sy'n ddigon hir i'w glymu'n hawdd o amgylch y bocs. Gosoda'r darn igam-ogam ar fan canol y llinyn a chlyma'r llinyn i ddal y plygiadau fel na fyddant yn cael eu gwasgu.

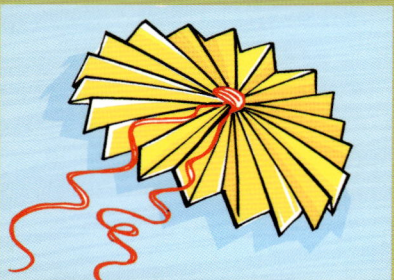

4. Bydd y papur yn agor allan fel siâp tei bô. Dal y pennau fel eu bod yn cyffwrdd, a'u glynu wrth ei gilydd â darn o dâp selo (ar yr ochr isaf) neu dâp dwyochrog.

5. Rho'r anrheg yn y bocs a gosod y caead arno. Nawr lapia linyn lliw amdano (fel y dangosir) a'i glymu. Yn olaf, ychwanega dy addurn.

Mae modd ailddefnyddio bocsys dro ar ôl tro, a'u hailbaentio os oes angen.

5 Bynting y Nadolig

Addurna'r neuaddau a'r holl waliau â baneri llachar yn lliwiau'r Nadolig. Mae'r grefft hon yn gwneud y defnydd mwyaf o un ochr papur A4, a ddefnyddir yn helaeth mewn swyddfeydd. Os ydych yn hongian bynting yn erbyn wal, nid oes ots os oes ysgrifen ar yr ochr 'anghywir', a dylai fod yn hawdd dod o hyd i ddigon o bapur.

1. Tynna linell ar hyd un ochr hir dalen A4, tua 2cm o'r ymyl. Plyga'r ddalen yn ei hanner ar hyd yr ochr hir ac yna'i hagor allan eto.

2. Marcia'r pwynt canol ar hyd ochr isaf y ddau banel. Defnyddia bensel ysgafn i dynnu llinellau o'r corneli top i'r pwynt canol er mwyn gwneud siâp baneri bynting.

3. Addurna'r baneri mewn lliwiau Nadoligaidd. Bydd angen llawer o faneri arnat, felly dewis gynlluniau y gelli eu paentio'n gyflym: streipiau, sgwariau, a dotiau mawrion. Gad nhw i sychu.

Mwynha baentio'r
baneri hyn yn gyflym.
Bydd y cynlluniau'n
edrych yn llachar ac
yn fywiog.

4. Torra allan bob panel baner, ac yna siapiau'r baneri, gan adael yr ymyl byr i'w blygu drosodd. Os yw dy linell yn anodd ei gweld, gwna blygiad syml o bob cornel dop i'r pwynt canol ar y gwaelod.

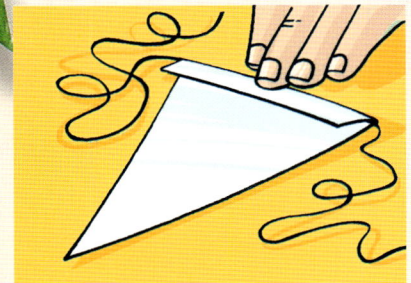

5. Dewis gortyn neu ruban cul i hongian y baneri. Un ai plyga'r ymyl uchaf dros y cortyn a styffylu drwy'r holl drwch, neu gosoda dâp ar yr ochr anghywir.

6 Peli hardd

Mae'r peli hyn yn hawdd eu gwneud o ddarnau bychain iawn o bapur. Gallet eu hongian, wrth osod dolen arnynt, neu eu gosod mewn powlen fel addurn canol bwrdd.

1. Torra stribedi o bapur caled neu gerdyn tenau. Mae 1.5cm x 20cm yn faint addas. Bydd angen tri stribed ar gyfer pob pêl. Marcia'r pwynt canol ar bob un.

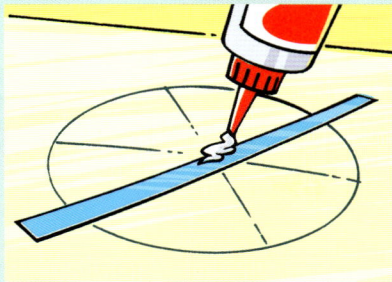

2. Cymer y darn cyntaf a rhoi ychydig o lud neu ddarn o dâp dwyochrog ar bwynt canol yr ochr anghywir. Gosod ef â'r ochr anghywir tuag i fyny ar y canllaw sydd ar y clawr ôl, gan uno'r pwyntiau canol.

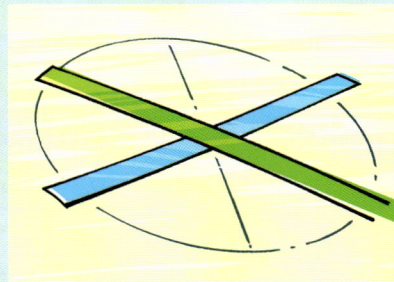

3. Cymer yr ail ddarn a rhoi glud neu dâp ar bwynt canol yr ochr anghywir. Gosod ef ar ben y darn cyntaf ond ar y llinell nesaf ar y canllaw, gan uno'r pwyntiau canol.

Clyma ddolen wrth ben uchaf y belen os wyt ti am hongian y peli ar y goeden.

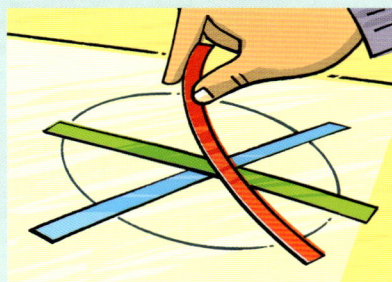

4. Gosod y trydydd darn ar ben y lleill ac ar hyd y llinell olaf ar y canllaw.

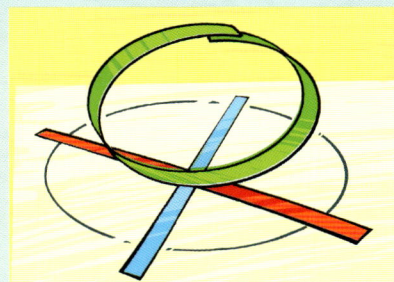

5. Nawr cymer bob pen o'r darn cyntaf, eu troi i fyny a'u gludo neu eu tapio at ei gilydd. Gwna'r un peth â'r ddau ddarn arall.

7 Coeden am byth

Ni fydd coeden sydd â gwreiddyn yn para am byth, ond bydd yn para sawl Nadolig. Y peth gorau i'w wneud yw dechrau gyda choeden fechan fydd yn hapus mewn potyn am nifer o flynyddoedd.

1. Dewis goeden fytholwyrdd siâp Nadoligaidd. Planna hi mewn potyn sgwâr, gan osod ychydig o gerrig mân yn y gwaelod ac ychwanegu compost potio, neu gompost a phridd.

2. Gosod wialen neu ffon ym mhob cornel i greu pyramid sy'n dalach na'r goeden. Clyma nhw at ei gilydd â llinyn.

3. Clyma glychau neu addurniadau ar linyn a'u clymu i'r brig.

4. Ychwanega rubanau lliwgar ar y brig ac ym mhob cornel. Cofia y gelli gadw'r rhain o flwyddyn i flwyddyn.

8 Sêr crog

Pletha'r sêr syml hyn o gerdyn i'w hongian ar goeden.
Gallet ddewis lliwiau penodol fel y gwelir yma, neu gyfuno cerdyn plaen â stribedi o ddeunydd pacio lliwgar.

1. Torra stribedi o gerdyn caled maint 30cm x 1.5cm. Bydd angen dau ar gyfer pob seren. Dewis bâr a'u torri yn hanner – i roi pâr o bob lliw.

2. Cymer ddau stribed a'u dal nhw fel hyn. Nawr cymer drydydd stribed a'i blethu dros ac o dan y ddau rwyt ti'n eu dal.

3. Pletha'r pedwerydd stribed dros ac o dan y lleill. Gosod y stribedi fel bod sgwâr taclus yn cael ei greu yng nghanol y seren.

Os yw'r seren yn simsan cyn iddi gael ei phlethu, gosoda ddarn bychan o dâp ar y canol i'w dal. Tynna'r tâp unwaith y byddi wedi gorffen plethu.

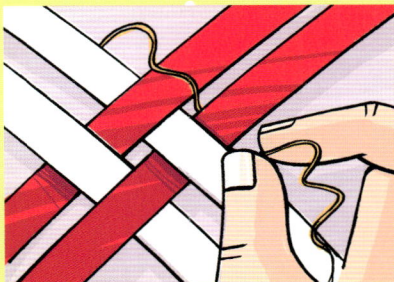

4. Nawr cymer ddarn o linyn 60cm o hyd. Gan adael darn byr ar gyfer clymu, a chan ddechrau mewn un gornel, dechreua droelli'n glocwedd o amgylch y darnau fel bod y rhai drosodd ac odano'n gwrthbwyso plethiadau'r cerdyn.

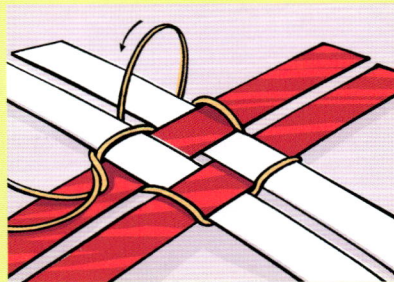

5. Pan gyrhaeddi di'r gornel gychwynnol, tro'r llinyn dros y darn byrrach o linyn ac yna dos yn ôl wrthglocwedd fel bod y stribedi dros ac o dan yn gwrthbwyso'r rhai yn y rownd gyntaf.

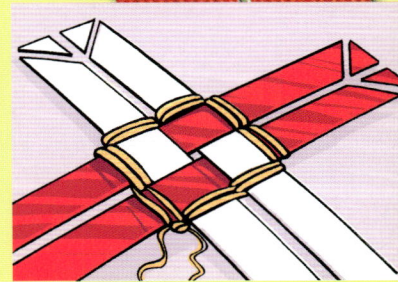

6. Pan gyrhaeddi di'r gornel, tro'r llinyn dros y darn byrrach o linyn a dos yn ôl glocwedd eto. Pan gyrhaeddi di'r gornel, tro a dos yn ôl wrthglocwedd. Yna clyma'r ddau ben at ei gilydd. Torra ben pob cerdyn i wneud pigyn.

9 Torchau gwyrdd

Mae'r addurn traddodiadol hwn yn defnyddio toriadau o blanhigion byw yn unig. Bydd hyd yn oed dail bytholwyrdd yn colli eu lliw wedi iddynt gael eu torri, felly mae'n well gwneud y dorch hon ar gyfer prif ddiwrnod yr Ŵyl.

Wrth gwrs, gellir compostio'r dail sydd wedi'u torri!

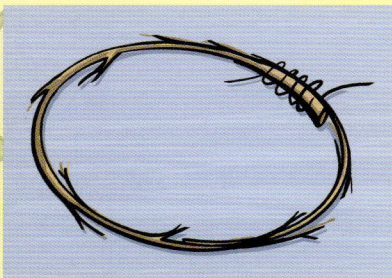

1. Chwilia am ffrâm gron, neu gwna un dy hun. Un o'r ffyrdd symlaf o wneud hynny yw gofyn i oedolyn dy helpu i blygu weiren hongian dillad i siâp cylch, neu gelli glymu brigau at ei gilydd â raffia.

2. Torra ddarnau byr o fytholwyrdd a'u clymu mewn bwndeli. Dewis blanhigion Nadoligaidd, megis pinwydden, celyn ac eiddew. Bydd angen digon arnat i orchuddio'r ffrâm, gyda dail pob bwndel yn gorgyffwrdd â choesau'r bwndel o'i flaen.

3. Clyma bob bwndel i'r ffrâm gron mewn dau fan: unwaith yn ymyl gwaelod y bwndel, ac yna o leiaf 5cm i fyny'r goes. Cysyllta ruban wrth bob bwndel (os wyt ti'n dymuno) cyn i ti glymu'r bwndel nesaf y tu ôl iddo.

Gelli hongian
pob math o
addurniadau o
dorch sy'n sownd
wrth y nenfwd.

10 Teisen frau'r Ŵyl

Mae'r danteithfwyd Nadoligaidd traddodiadol hwn yn gwneud rhodd wych. Dewis ddeunydd pecynnu sydd â'r effaith leiaf ar yr amgylchedd. Mae seloffen yn edrych yn ddeniadol, ond gan ei fod wedi ei wneud o goed, mae'n bioddiraddio'n gynt na phlastig.

Gofyn i oedolyn cyn dechrau coginio, a golcha dy ddwylo.

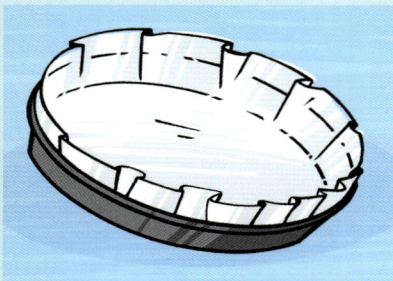

1. Dewis dun cacen â diamedr tua 20cm a'i leinio â darn o bapur gwrthsaim crwn, gan adael ffrilen o amgylch yr ymyl. Cynhesa'r popty i 160°C.

2. Mesur 120g o flawd plaen, 30g o almonau mâl, a 100g o siwgr i bowlen. Yna ychwanega 100g o fenyn wedi'i dorri'n giwbiau.

3. Cymysga'r menyn i'r cynhwysion sych â dy fysedd, gan dorri'r menyn yn ddarnau llai a llai o hyd ac yna gwasgu'r gymysgedd. Ar ôl tua 5 munud, bydd wedi troi'n lwmp.

4. Gosoda'r lwmp yn y tun a'i wasgu allan i lenwi'r cylch. Piga'r gymysgedd drwyddi draw â fforc. Coginia am tua 15 munud, neu nes ei fod yn lliw brown golau.

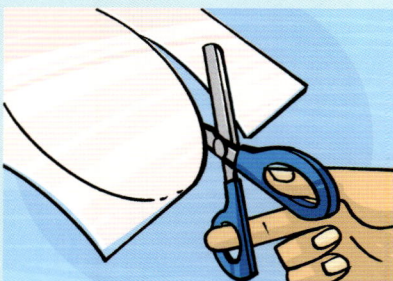

5. Gadawa'r fisged i oeri. Yn y cyfamser, torra ddau gylch o gerdyn cryf (ychydig yn fwy na'r fisged) fel eu bod yn creu gwaelod cryf gyda'i gilydd. Gluda nhw at ei gilydd â thâp mewn tri lle o amgylch yr ymyl.

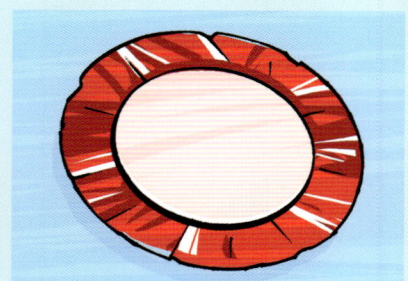

6. Torra gylch mwy o seloffen a gluda ef dros wyneb y cerdyn â thâp, gan ddefnyddio tâp gludiog i'w ddal i lawr ar yr ochr isaf.

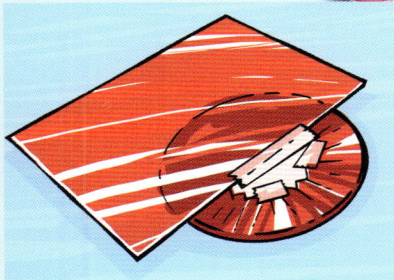

7. Yna cymer ddarn mawr hirsgwar o seloffen a gludo hwnnw yn ei le (â thâp) ar yr ochr isaf hefyd. Tro'r cerdyn y ffordd gywir i fyny.

8. Llithra'r fisged ar y cerdyn a thorri ymylon y gwrthsaim i ffwrdd. Lapia'r seloffen hirsgwar drosodd a throsodd. Yna clyma'r ddau ben â llinyn, rhuban neu raffia, a'u ffrilio.

11 Danteithion melys

Gellir llenwi'r melysion marsipán hyn â'ch hoff ddanteithion. Gofyn i oedolyn cyn dechrau coginio, a golcha dy ddwylo.

1. Leinia dun pobi â phapur gwrthsaim. Cynhesa'r popty i 160˚C, ac yna gratio croen lemwn ar blât.

2. Cymysga'r canlynol mewn powlen: 200g o almonau mâl, 100g o siwgr eisin, 100g o siwgr mân euraidd, a'r croen lemwn. Yna ychwanega un wy a chymysga i ffurfio pelen.

3. Rhanna'r belen i tua 12 pelen lai. Yna gwna siâp 'cwpan' â phob un.

4. Gosod dy ddewis o ddanteithion ym mhob cwpan: cnau mâl, ceirios mân, rhesinau, neu siocled mân. Coda'r ymylon a'u rholio er mwyn cau'r llenwadau y tu mewn.

5. Gosod y peli mewn tun pobi ac addurna nhw â chnau neu geirios. Gosod y tun yn y popty am 10–12 munud. Gad i'r peli oeri cyn eu blasu; efallai bydd y llenwad yn boeth!

Gelli gyflwyno dy ddanteithion ar blât, neu eu rhoi fel anrhegion. Cadwa nhw mewn jar sydd wedi'i hailddefnyddio.

12 Nodiaduron dail

Mae'r nodiaduron dail hyn yn rhoddion bach defnyddiol. Maen nhw'n ffordd glyfar o ailddefnyddio darnau da o bapur sydd wedi'u torri o lythyron, amlenni a phecynnau. Mae'r print deilen yn nodyn atgoffa i fod yn ofalus ynglŷn â defnyddio papur, fel nad oes gormod o goed yn cael eu dinistrio. Dechreua'r arfer o gasglu darnau o bapur plaen a cherdyn sy'n weddill. I wneud y grefft yma, dylet hefyd gasglu hen bapurau er mwyn amddiffyn y man lle byddi di'n printio.

1. Casgla ddail da yn ystod yr haf neu'r hydref, ac os nad wyt ti'n barod i brintio, gwasga nhw rhwng darnau o bapur sgrap a gosod llyfr trwm ar eu pennau. Dewis enghreifftiau tebyg o sawl math o ddeilen.

2. Pan wyt ti'n barod, amddiffyn y man lle byddi di'n printio â haenau o bapur sgrap. Rho baent ar blât. Yn ysgafn, paentia ochr isaf deilen a'i gosod a'r ochr sydd wedi'i phaentio tuag i fyny.

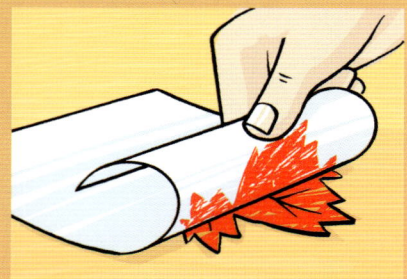

3. Nawr gwasga ddarn o bapur sgrap da ar y paent: pwysa arno, ei godi, a'i bilio oddi ar y ddeilen. Efallai y cei di ddau neu dri phrint o un haen o baent, a gelli ailddefnyddio'r ddeilen sawl gwaith. Printia ddigon o bob math o ddeilen i greu un nodiadur, gan gofio printio rhai ar gerdyn ar gyfer cloriau.

Mae'n hawdd
gwneud nodiadur
yn fwy trwchus
drwy dorri 'dail'
ychwanegol ar
bapur plaen.

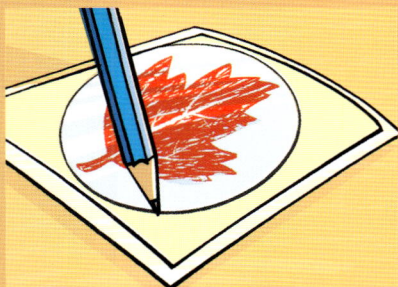

4. Pan fydd y paent yn sych, gwna siâp syml o amgylch y math o ddeilen yr wyt wedi'i ddewis. Noda lle mae'r coesyn a brig y ddeilen yn mynd. Gluda hwn ar gerdyn a'i dorri allan, gan wneud toriad 'V' bob pen i farcio'r coesyn a brig y ddeilen.

5. Tynna linell o amgylch y cerdyn ar bob print deilen o'r un math, gan ddefnyddio'r toriadau 'V' i dy helpu i leoli'r templed. Torra'r dail allan.

6. Casgla dy ddail at ei gilydd i greu nodiaduron, gyda'r ochrau plaen yn wynebu tuag i fyny ar gyfer ysgrifennu arnyn nhw. Ychwanega'r cardiau addurnedig fel cloriau bob pen. Rho linyn, cortyn, neu weiren drwy'r twll i'w dal gyda'i gilydd.

13 Lleiha dy ôl troed hosan

Gall y Nadolig fod yn gyfnod gwastraffus iawn. Beth am gael hwyl yn rhoi ac yn derbyn ychydig o roddion hwyliog drwy ddewis gwneud hosanau llai?

1. Tynna lun siâp hosan ar bapur gan farcio'r llinellau ar gyfer blaen y droed a'r border top. Torra batrwm papur allan ar gyfer y siapiau hyn.

2. Pinia'r siapiau patrwm ar haen ddwbl o ffelt, gan ddewis lliwiau gwrthgyferbyniol. Torra nhw allan. Hefyd, torra allan siâp addurnedig, megis calon.

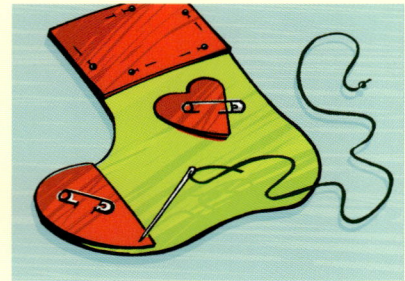

3. Cymer un siâp hosan a defnyddia binnau i ddal y darnau addurnedig yn eu lle. Gwthia edau liwgar drwy nodwydd weddol dew a chlymu cwlwm ar y pen.

4. Pwytha'r darnau i'w lle â phwyth gwanu, gan wthio'r nodwydd yn syth i lawr drwy'r haenau, ac yna'n syth i fyny cyn tynnu'r gynffon. Gwna'r un fath â'r siâp hosan arall.

5. Nawr pwytha'r ddau siâp hosan at ei gilydd. Gofyn i oedolyn dy helpu i bwytho'r ddwy gornel dop yn dynn â phwythau sy'n gorgyffwrdd. Gelli ychwanegu dolen er mwyn hongian yr hosan os wyt ti'n dymuno.

14 Nodyn diolch

Dyma ffordd syml o wneud nodyn diolch Nadoligaidd.
Mae'n rhad i'w wneud, ond mae'r diolch yn werthfawr!

1. Ar bapur ysgrifennu plaen, gwna sgwâr 10cm x 10cm o faint a'i dorri allan.

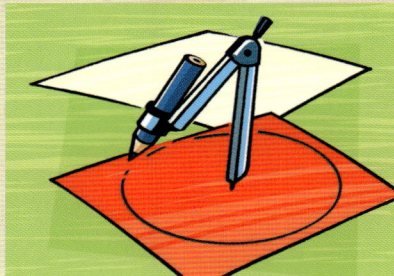

2. Dewis bapur allanol mewn dau liw. Gofyn i oedolyn dy helpu i ddefnyddio cwmpawd i lunio pedwar cylch, pob un â radiws 5cm (hanner ochr y sgwâr).

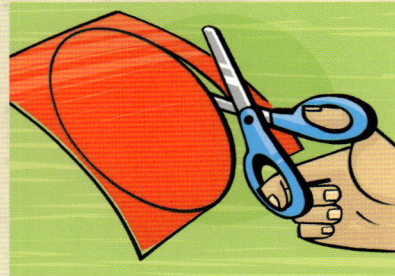

3. Torra'r pedwar cylch allan. Plyga bob un yn ei hanner, ei wasgu, ac yna'i ailagor.

4. Dal un hanner cylch wedi'i blygu yn ei le ar hyd un ochr y darn sgwâr. Ychwanega hanner cylch mewn lliw arall ar hyd yr ochr nesaf fel ei fod yn tanlapio'r darn cyntaf ar yr ochr isaf ac yn ei orgyffwrdd ar yr ochr uchaf.

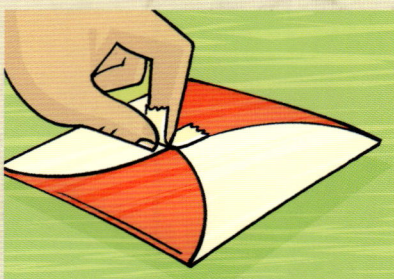

5. Ychwanega weddill yr hanner cylchoedd yn yr un modd. Gofala eu bod wedi plethu ar y ddwy ochr, ac yna cau'r ochr isaf â sticer, neu torra siâp allan i'w ludo arno.

6. Agor yr ochr uchaf, ysgrifenna dy nodyn 'Diolch', yna pletha'r hanner cylchoedd yn ôl i'w lle.

7. Ychwanega sticer i gau'r canol, neu glyna siâp iddo. Neu gelli glymu dy nodyn â llinyn, cortyn, neu ruban.

15 Bocs San Steffan

Lleihau, ailddefnyddio, ailgylchu: y rhain yw'r geiriau allweddol ar gyfer byw mewn modd sy'n garedig i'r blaned.

Gwna focs mawr prydferth gan ailgylchu deunyddiau: ynddo gelli gadw'r holl ddarnau bach o bapur sy'n weddill ar ôl y Nadolig i'w defnyddio unwaith eto – neu lawer gwaith o bosib!

1. Dewis focs cardfwrdd mawr cryf â chaead. Os wyt ti'n cael trafferth dod o hyd i un, chwilia am ddau focs, un ychydig yn fwy na'r llall, a gofyn i oedolyn dy helpu di i'w torri fel bod un yn gaead i'r llall.

2. Gluda bapur brown dros ymylon y bocs a'r caead i'w rhwymo. Gwna'r un fath i guddio unrhyw dyllau neu fylchau.

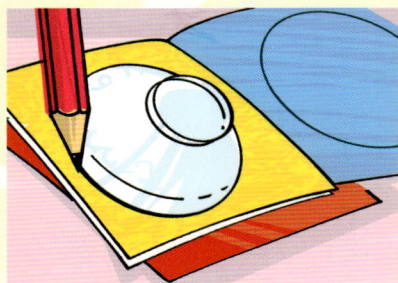

3. Torra gylchoedd â diamedr tua 10cm allan o bapur Nadolig sydd dros ben, neu luniau lliwgar o gylchgronau. Ffordd gyflym o wneud hyn yw gwneud amlinelliad o amgylch powlen. Torra nhw allan.

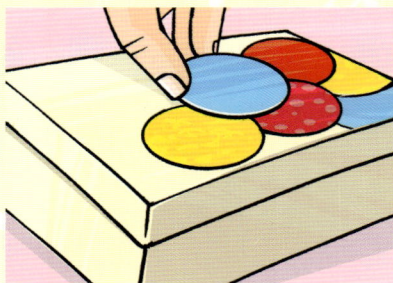

4. Brwsia lud ar ochr isaf pob cylch a'u gludo ar y bocs a'i gaead. Gosod y cylchoedd fel eu bod yn gorgyffwrdd, a gorchuddia'r bocs cyfan.